어린이가 반드시 배워야 할 반짝이는 삶의 가치들

아이에게 들려주는
태도의 말

김종원 글 ★ **소소하이** 그림

데이스타
Daystar

[프롤로그](#)

이제 나의 하루는
보석처럼 매일 빛나요

세상에 존재하는 모든 사물에

각자의 가치가 있는 것처럼

모든 사람에게는

서로 다르기 때문에 특별한 가치가 있어요.

우리는 무엇이든 그릴 수 있는 하얀 종이와 같아서

상상하는 만큼 해낼 수 있고

원하는 내일을 만들 수도 있죠.

누군가 쓸모없다며 버린 종이도

곱게 접어서 비행기로 만들면,

'쓰레기'가 아닌 '종이비행기'라는

멋진 이름을 갖게 됩니다.

이처럼 삶은 내가 만드는 거예요.

삶을 대하는 태도에 따라

나의 삶도 달라질 수 있어요.

상상하고 꿈꿀 수 있다면

무엇이든 할 수 있고,

무엇이든 될 수 있죠.

이제 태도의 중요성을 새롭게 알게 되었으니

더 많은 행운과 행복을 부를 수 있어요.

내 하루를 보석처럼 매일 빛나게 할

열두 가지 반짝이는 태도에 대해 알아볼까요?

★ 차례 ★

프롤로그 ★ 이제 나의 하루는 보석처럼
매일 빛나요 4

시간 ★ 시간을 쪼개서 쓰면 삶이 빛나요 8

실수 ★ 실수는 세상을 더 아름답게 만들기 위해
도전했다는 증거죠 14

인내 ★ 내 하루는 인내한 만큼
더 향기로워져요 20

사랑 ★ 우리는 사랑할 때
가장 강한 사람이 돼요 26

자신감 ★ 내가 나를 믿는 동안
나는 뭐든 할 수 있어요 32

정직 ★ 정직은 내가 내게 줄 수 있는
가장 귀한 선물이죠 38

용기 ★ 용기를 내면
다른 세상이 보여요 44

 나눔 ★ 빛은 아무리 나눠도
약해지지 않아요 50

우정 ★ 내가 다정한 마음으로 다가가면
다정한 친구가 생겨요 56

 친절 ★ 불친절한 사람들에게 친절을 알려 주면
세상도 밝아져요 62

건강 ★ 건강한 몸은 내가 가진 것들을
빛내 줘요 68

 성실 ★ 성실한 하루는 어떤 재능보다
힘이 세요 74

"너, 지금 뭘 하고 있는 거야?"

"응, 시간을 잘게 쪼개고 있어."

멍하니 앉아서 뒹굴뒹굴

아무것도 하지 않으면

하루가 지루하게만 느껴지고

특별할 게 별로 없지만,

시간을 잘게 쪼개면

모든 조각이 각자의 가치를 지닙니다.

케이크 하나도 열두 조각으로 나누면
열두 명의 친구가 함께 즐길 수 있는 것처럼요.

1시간 동안에는 책을 읽을 수 있고,
10분 동안에는 머리를 감을 수 있고,
1분 동안에는 준비물을 챙길 수 있어요.

하루가 지루하게 느껴질 땐,
이렇게 시간을 잘게 쪼개 보세요.
그럼 일분일초가 소중해질 거예요.

따라쓰기 | 나를 이루는 단단한 말

시간은 모두에게 똑같이 주어져.

중요한 건 시간을 어떻게 쓰느냐에 달렸어.

나는 시간을 소중히 여기며 알차게 사용하고

나만의 멋진 삶을 만들 거야.

독후활동 — 나의 하루 계획하기

활동 ① 오늘은 어떤 하루를 보냈나요?
각각의 질문에 답하며 하루를 돌아봅시다.

1) 오늘 한 일 중에 가장 뿌듯한 일은 무엇인가요?

2) 오늘 하기로 마음먹은 일 중에 내일로 미룬 일이 있나요?

3) 내일은 어떤 하루를 보내고 싶은가요?

활동 ② | 나의 하루를 소중하고 알차게 사용할 수 있도록 하루 계획표를 작성해 봅시다.

_____의 하루 계획표

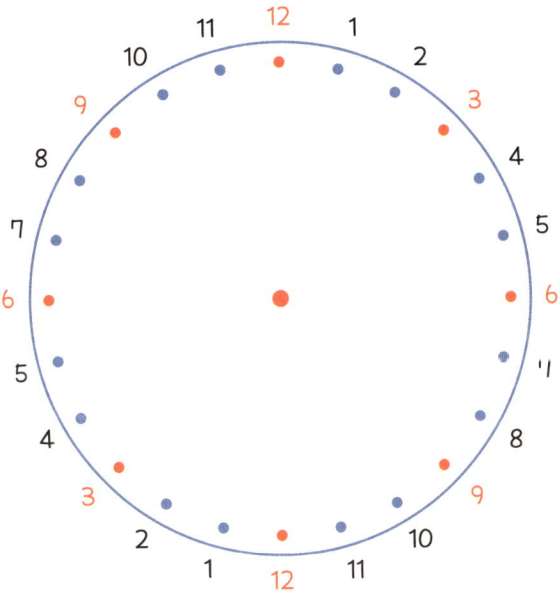

🟡 해야 할 일들을 먼저 배치하고, 남은 시간에 하고 싶은 일들을 배치합니다.
🟡 매일 지킬 수 있도록 계획합니다.

실수

"실수는 세상을 더 아름답게 만들기 위해 도전했다는 증거죠"

"뛰어가다가 실수로 웅덩이에 빠져서
바지가 물에 다 젖었어."

"그럼 빨리 집에 가서 옷을 갈아입어야지.
왜 흙을 나르고 있어?"

"누군가 나처럼 뛰어가다가
웅덩이에 빠져서 젖지 않도록
흙으로 웅덩이를 깨끗하게 덮어 주고 있는 거야."

실수가 아름다운 이유는

뒤따라오는 사람이

나와 같은 실수를 하지 않도록

도와줄 수 있기 때문이에요.

앞서가는 사람의 실수는

뒤따라오는 사람에게 든든한 길잡이가 됩니다.

나는 실수한 만큼 성장하고

내가 성장한 만큼

내가 사는 세상도 나아집니다.

따라쓰기 나를 이루는 단단한 말

실수해도 괜찮아.

실수한 일을 돌아보면서

더 잘해 낼 방법을 찾다 보면

실수한 만큼 성장할 수 있어.

독후활동 실수 그림 완성하기

활동 ① 아무리 멋지고 완벽한 사람도 실수를 합니다. 실수했던 경험을 돌아보며 성장할 수 있는 나만의 방법을 찾아봅시다.

1) 실수한 경험이 있나요?

　

　

2) 실수했을 때 어떻게 대처했나요?

　

　

3) 다음에 같은 상황이 벌어진다면 어떻게 대처하면 좋을까요?

활동 ❷ 흰 도화지에 그림을 잘못 그렸을 때, 도화지를 찢어 버리는 대신 그 그림 위에 더 멋진 그림을 그릴 수도 있죠. 제시된 그림을 활용하여 멋진 그림으로 재탄생시켜 봅시다.

꽃은 움직일 수 없어요.

비행기를 타고

다른 나라로 갈 수도 없고,

수영을 해서

바다를 건널 수도 없죠.

세찬 바람이 불어도 참고 인내하며

언제나 같은 자리를

지키고 있습니다.

꽃이 품은 가치가 특별한 이유는

다른 곳으로 떠나지 않고

그 자리를 오랫동안 지키며

향기로 세상에 말을 거는

시간을 보냈기 때문입니다.

꽃처럼 가슴에 꿈을 품고

오랫동안 인내하면

그 시간이 향기를 선물로 줍니다.

시간이 선물한 향기는

세월이 흘러도 사라지지 않습니다.

따라쓰기: 나를 이루는 단단한 말

인내하는 일이 지루하게 느껴질 때도 있어.

하지만 마음을 편히 먹고 기다린다면

언젠가 내가 바라던 일이 일어날 거야.

| 독후활동 | **기다림의 끝을 떠올리기** |

활동 ① 기다리고 있는 일이 있나요? 함께 기다림이 끝나는 날을 상상하며 기쁘게 기다려 봅시다.

1) 가장 기대하거나, 기다리고 있는 일이 있나요?

---

2) 참고 기다릴 때는 어떤 기분이 드나요?

---

3) 기다림이 끝났을 때 기분은 어떨까요?

활동 ② 기다림이 끝난 날을 상상해 보고, 그때의 모습을 그림 일기로 표현해 봅시다.

20   년   월   일   요일   날씨: 이름:

"천천히 가자.

엄마는 그렇게 빠르게 뛸 수 없어."

우리 엄마는 달리기가 느려요.

달리기 시합을 하면 엄마는 늘 져요.

그런데 그런 엄마도

정말 빠르게 달릴 때가 있어요.

나는 누구보다 그 사실을 잘 알고 있죠.

내 이마가 뜨거워지면서
밤새 열이 나던 날, 우리 엄마는
나를 업고 누구보다 빠르게 달렸어요.

엄마의 등에 업혀서
쉬지 않고 빠르게 뛰는 엄마의
거친 숨소리를 들을 때마다
나는 이런 생각이 들었어요.

'이런 게 사랑이구나.
엄마가 나를 참 사랑하는구나.'

사랑으로 달릴 때
우리는 누구보다 빠른 사람이 되고,
사랑을 할 때
우리는 누구보다 강한 사람이 되죠.

나를 이루는 단단한 말

사랑은 나를 누구보다 강하게 만들어.

사랑하는 사람을 위해서라면

나는 누구보다 강해질 수 있어.

독후활동 사랑하는 마음 표현하기

활동 ① 사랑하는 사람을 떠올리는 것만으로도 힘이 나죠. 내가 사랑하는 사람을 떠올리며, 사랑에 대해 생각해 봅시다.

1) 내가 가장 사랑하는 사람은 누구인가요?

2) 그 사람의 어떤 모습이 사랑스럽나요?

3) 그 사람에게 어떤 말을 해 주고 싶은가요?

활동 ② 사랑의 힘은 상대방에게 표현할 때에야 비로소 그 힘을 발휘할 수 있어요. 편지를 써서 사랑하는 사람에게 마음을 표현해 볼까요?

 자신감

"내가 나를 믿는 동안
나는 뭐든 할 수 있어요"

"넌 왜 이렇게 목소리가 작아?"

"난 목소리는 작아도 자신감은 넘쳐!"

목소리의 크기와

자신감의 크기는 같지 않아요.

자신감은 소리의 크기가 아닌

자신을 향한 믿음의 크기로 결정되죠.

스스로 할 수 있다고 생각하는 동안

나는 나 자신을 믿는 단단한 마음으로

무엇이든 해낼 수 있습니다.

뜨거운 자신감의 온도를 잃지 않으려면

이렇게 외쳐 보세요.

"모두가 할 수 없다고 말해도

나는 내게 가능하다고 말할 거야.

내가 나를 믿는 동안 나는 뭐든 해낼 수 있지."

재능과 실력이 있어야

자신감이 생기는 게 아니고,

할 수 있다는 자신감을 가져야

숨어 있는 재능을 발견할 수 있고

실력까지 키울 수 있습니다.

따라 쓰기 나를 이루는 단단한 말

나는 무엇이든 해낼 수 있는 사람이야.

나를 믿고 열심히 노력하다 보면

원하는 것은 무엇이든 이룰 수 있어.

 **자신감 온도 높이기**

| 활동 ① | 내가 잘하는 일과 어려워하는 일을 발견하고, 어떻게 하면 잘할 수 있을지 고민해 봅시다.

1) 내가 가장 잘하는 일은 무엇인가요?

2) 잘하고 싶지만 어려운 일은 무엇인가요?

3) 어려운 일을 잘하려면 어떤 연습이 필요할까요?

활동 ② 자신감 온도계의 온도는 스스로를 인정할 때마다 높아져요. 스스로를 칭찬하는 말을 쓰며 자신감 온도를 높여 봅시다.

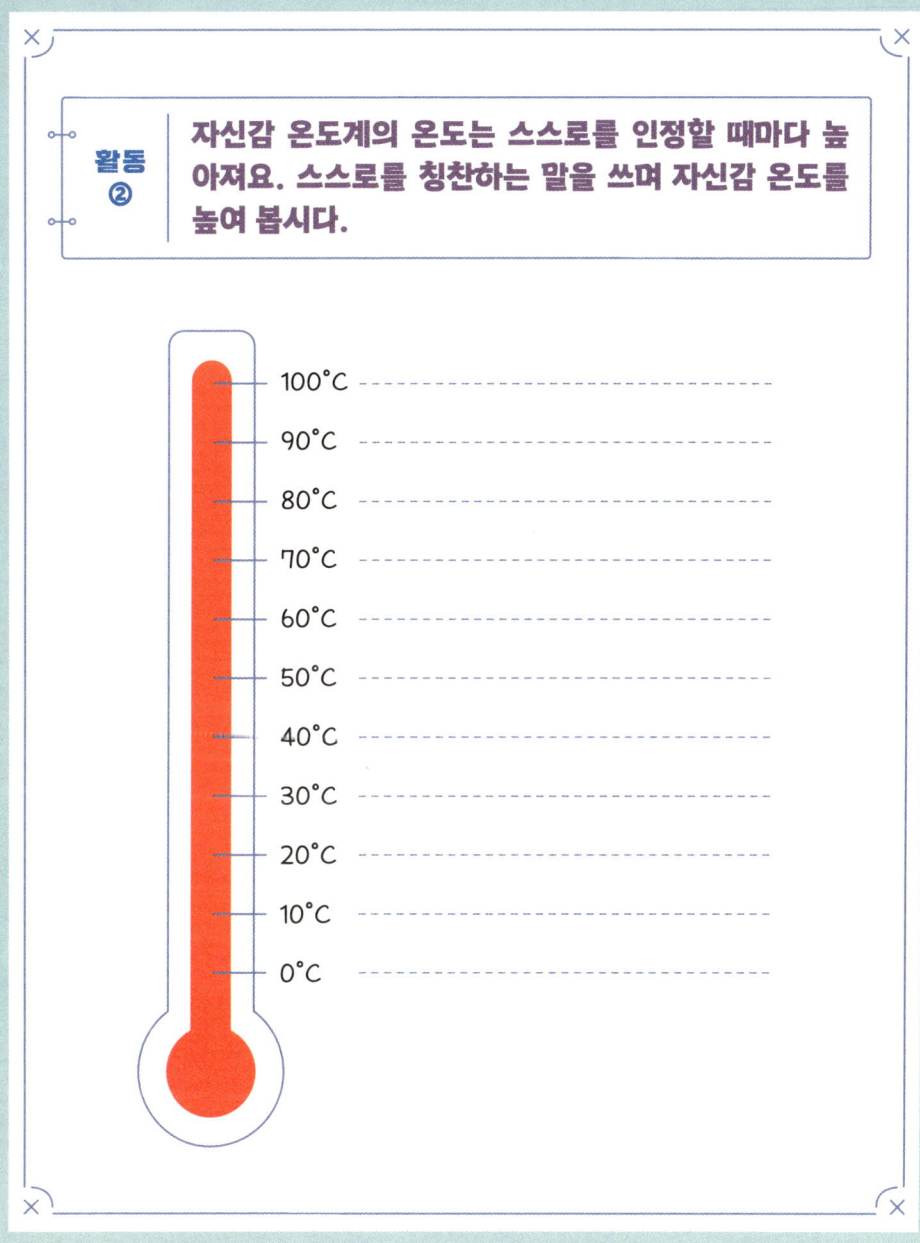

"아, 아쉽다. 1등 할 수 있었는데!"

학교에서 달리기 시합을 했어요.
나는 힘껏 뛰었지만 2등을 하고 말았죠.

그런데 선생님이 착각을 하신 것 같아요.

나보다 먼저 도착한 친구를 2등이라고 하고,
나에게 1등을 했다며 선물을 주셨습니다.

그럴 때 나는 어떻게 해야 할까요?
내 마음속에 있는 욕심은 이렇게 속삭여요.

'아무 말 하지 말고, 모르는 척할까?
그럼 1등을 할 수 있잖아. 게다가 예쁜 선물도 받고.'

그러나 나는 세상에서 가장 좋은 선물이
바로 정직이라는 사실을 알고 있어요.

정직하지 않은 나를 못 본 척하는 건
세상에서 가장 어려운 일이죠.

정직만큼 값진 선물은 없어요.

따라쓰기: 나를 이루는 단단한 말

때로는 거짓말이 달콤해 보일 때가 있어.

하지만 거짓말로 얻은 것은 언젠가 사라져.

정직한 마음이 나를 더 오래 기쁘게 할 선물을

가져다줄거야.

독후활동 | 정직한 마음 갖기

활동 ① | 나도 모르게 거짓말을 한 적이 있나요? 그때의 감정을 떠올리며 정직함에 대해 생각해 봅시다.

1) 어떤 상황에서 거짓말을 했나요?

2) 거짓말을 하는 순간, 어떤 마음이었나요?

3) 다시 그 상황으로 돌아간다면, 어떤 말을 하고 싶나요?

활동 ② | 모두가 거짓말을 하는 세상이 있다고 상상해 봅시다. 어떤 일이 벌어질까요? 그림으로 그리고, 어떤 상황인지 설명해 봅시다.

용기

"용기를 내면 다른 세상이 보여요"

"아, 이건 진짜 먹기 싫은데!"

"그럴 수 있어. 먹을지 말지는 너의 선택이야.
하지만 네가 먹기로 결정한다면,
짐작도 못한 새로운 맛을 경험할 수 있어."

색이랑 모양이 조금 특이해서
먹기 싫은 음식이 있어요.
그런 음식을 먹으려면 용기가 많이 필요하죠.

하지만 가리지 않고 일단 먹어 보면
생각이 조금씩 달라져요.

"와, 세상에 이런 맛이 있었네!"

마찬가지로 처음에는
자전거를 타는 것도 무서울 수 있어요.

하지만 두려운 마음을 이겨 내고
용기를 내서 일단 올라타면
안장 위에서 펼쳐지는
새로운 세상을 볼 수 있죠.

세상에는 용기를 내서 다가가지 않으면
도저히 알 수 없는 것들이 있어요.

그래서 용기 있는 사람은
더 많은 것을 경험할 수 있습니다.

나를 이루는 단단한 말

무언가를 새롭게 시도하는 일은

두렵기도 하지만 설레는 일이야.

조금 두렵더라도 용기를 낸다면

새로운 세계가 펼쳐질 거야.

독후활동 | 용기 열매 모으기

활동 ① 성장한다는 건 새로운 일을 많이 겪게 되는 거예요. 새로운 일을 용기 있게 해내며 성장했던 일을 떠올려 봅시다.

1) 새롭게 시작한 일이 있나요?

----

2) 새로운 일을 시작할 때 기분이 어땠나요?

----

3) 그 일을 해낸 뒤에는 어떤 기분이었나요?

활동 ② 새로운 일을 해낼 때마다 내 마음속에 용기 열매가 맺혀요. 새로운 일을 해낼 때마다 용기 열매를 색칠하며, 마음속에 용기 열매를 모아 봅시다.

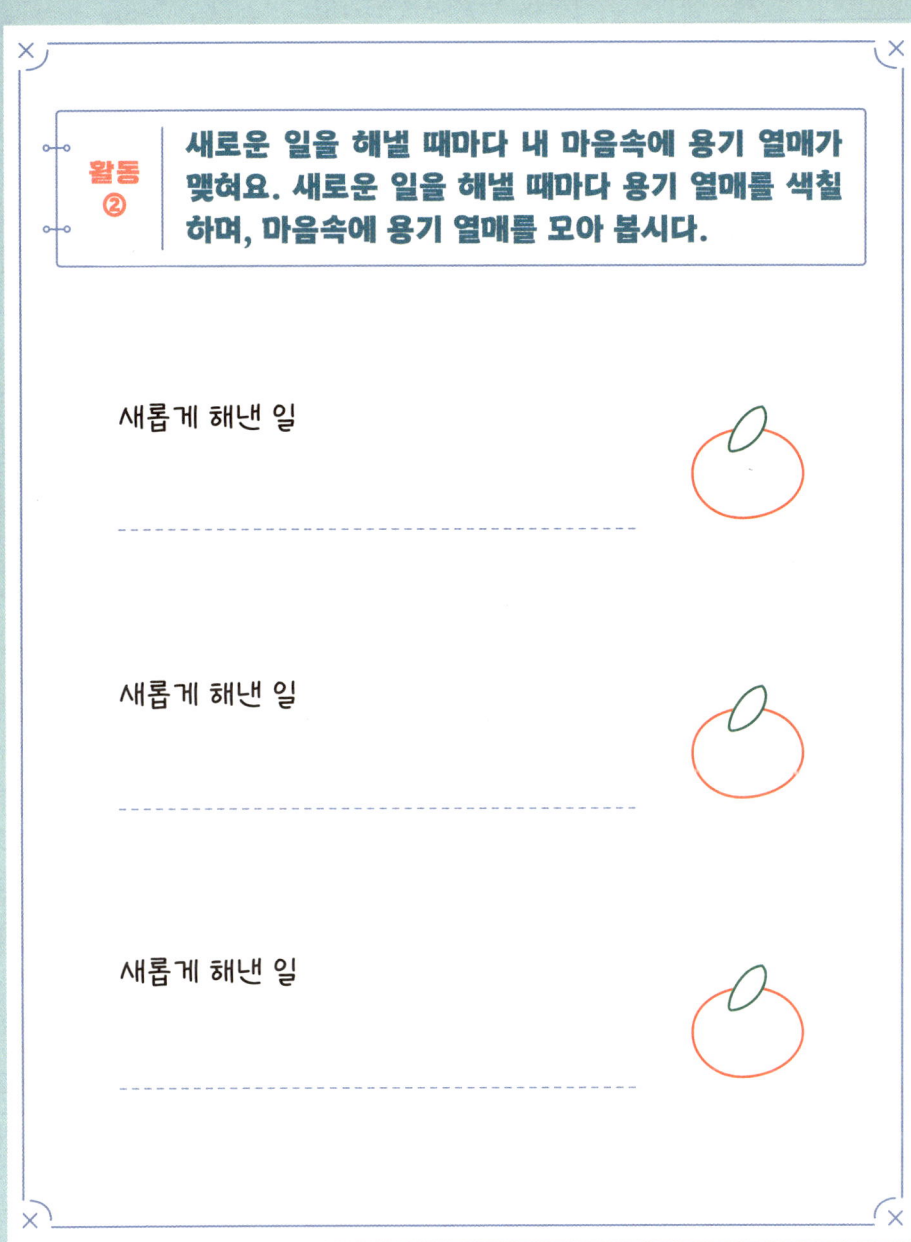

새롭게 해낸 일

새롭게 해낸 일

새롭게 해낸 일

"치킨 사 왔으니까 모두 나오렴!"

엄마 아빠가 치킨을 사 오셨다고 외치면
마음속에서 저절로 이런 생각이 들죠.

'이번에는 정말 나 혼자
치킨 한 마리 다 먹고 싶은데!'

우리 집에는 나와 동생
그리고 엄마와 아빠,
이렇게 네 명이 함께 살고 있어요.

그건 치킨 한 마리를
혼자서 다 먹을 수 없다는
슬픈 사실을 의미하죠.
하지만 그렇게 생각하면
자꾸 마음이 더 힘들어집니다.

혼자서 다 먹을 수 없다는 생각을 버리고,
서로 사랑하는 사람 네 명이서
함께 먹을 수 있다고 생각하면 행복해져요.

한 개의 촛불로 수많은 초에 불을 붙여도
빛은 조금도 약해지지 않는 것처럼,
나눈다는 건 손해 보는 게 아니라
오히려 마음이 따듯해지는 일입니다.

나를 이루는 단단한 말

나눈다는 것은

모두가 함께 행복해진다는 거야.

내가 조금 적게 가지더라도

더 많은 사람들과 나누어야지.

독후활동 　**마음 케이크 나누기**

> **활동 ①** 　무언가를 나눈 경험이 있나요? 그 경험을 떠올리며 '나눔'에 대해 생각해 봅시다.

1) 누구와, 무엇을 나눴나요?

2) 나누어 가질 때, 어떤 기분이었나요?

3) 상대방은 어떤 반응이었나요?

활동 ② 기쁜 마음은 나눌수록 더 커집니다. 케이크를 예쁘게 꾸며 보고, 누구와 나눠 먹고 싶은지 쓰고, 어떻게 나눠 먹으면 좋을지 케이크 위에 선을 그려 나눠 봅시다.

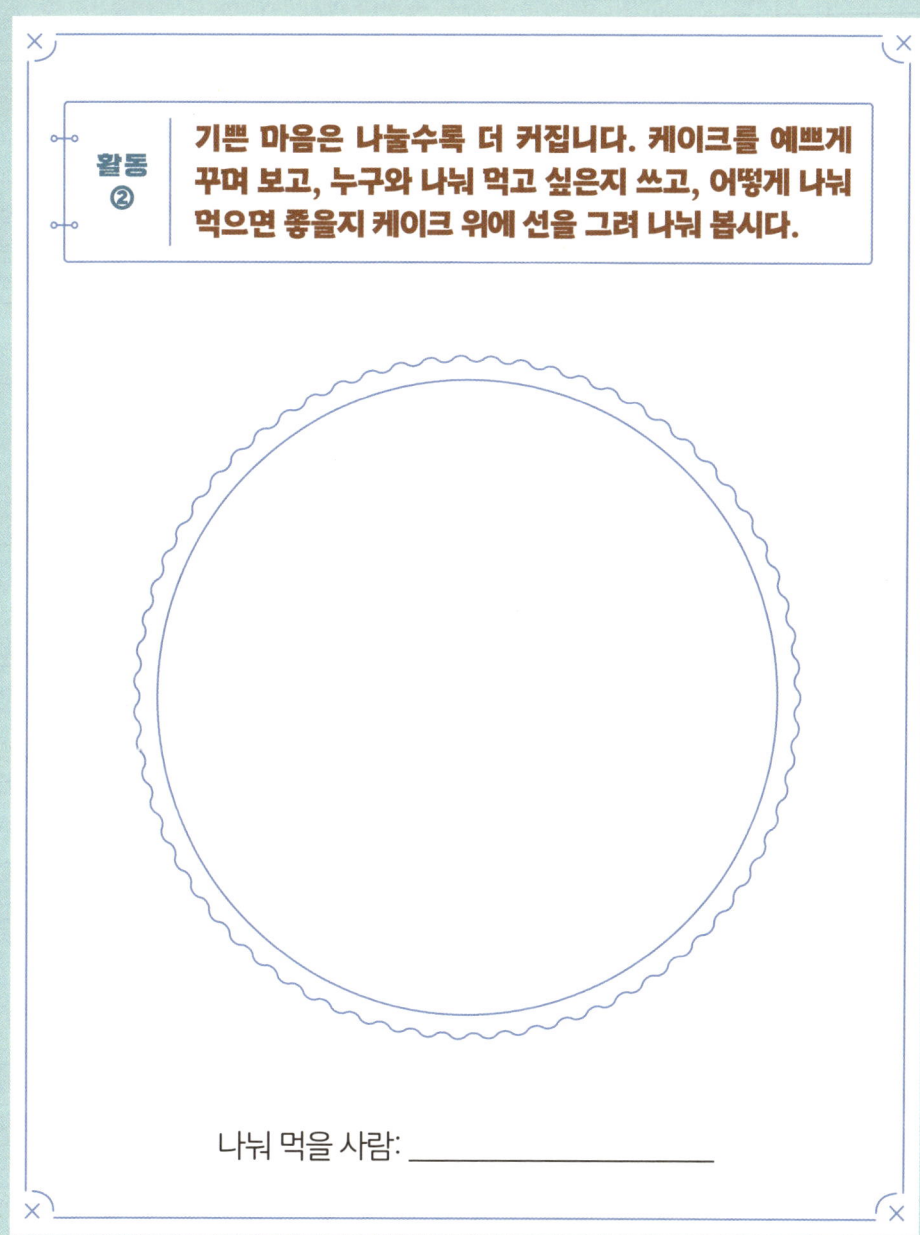

나눠 먹을 사람: _____

"저 친구 좀 이상하지 않아?"

"은근히 사람을 무시하는 것 같더라."

세상에는 보이지 않는 곳에서
친구를 칭찬하는 사람도 있고,
오히려 친구의 흉을 보는 사람도 있습니다.

여러분은 어떤 친구가 되고 싶나요?

옷과 신발, 스마트폰과 노트북 등
대부분의 물건은 시간이 흐를수록
가치가 떨어지는 게 정상입니다.

하지만 우정은 그 반대입니다.
진실한 우정은 서로가 서로에게
좋은 마음을 나누어 주며
시간이 흐를수록 가치를 더합니다.

옆에 없어도 칭찬을 하고
서로가 잘 되기를 바라는
예쁜 마음을 가져야 해요.

내가 다정한 마음으로 다가가면
다정한 친구가 생깁니다.

따라쓰기 나를 이루는 단단한 말

우정은 서로 마음을 주고받는 거야.

내가 소중하고 예쁜 마음을 주면

언젠가 귀하고 고운 마음을 받을 수 있을 거야.

독후활동 | 따뜻한 마음 전하기

활동 ① 친구를 떠올리며 각 질문에 답해 보고, 우정이 무엇인지 생각해 봅시다.

1) 친구와 무엇을 할 때 가장 행복했나요?

2) 친구와 함께하고 싶은 일이 있나요?

3) 친구에게 하고 싶은 말이 있나요?

> **활동 ②** 수줍어서, 부끄러워서 친구에게 하지 못한 말이 있나요? 친구를 떠올리며 제시된 단어를 활용한 문장을 만들어 봅시다.

고마워

미안해

같이

 친절

"불친절한 사람들에게 친절을 알려 주면 세상도 밝아져요"

"저 사람은 왜 친절하게 행동하지 않는 걸까?"
"분명 나쁜 사람은 아닌 것 같은데."

나는 근사한 사실을 하나 알고 있어요.

'불친절'이라는 말 속에는
'친절'이라는 말이 함께 살고 있죠.

그들이 나쁜 사람이라서
불친절한 것이 아닙니다.

친절한 것이 무엇인지 아직 충분히
경험하지 못했기 때문이죠.

그래서 나는

내게 불친절한 사람들에게

오히려 더 친절하게 대합니다.

친절이 정말 필요한 건

바로 불친절한 사람들이니까요.

친절은 사람의 어두운 마음에

작은 불빛을 심어 줘요.

그 작은 불빛들이 모여

세상은 더 밝게 빛나게 되죠.

나를 이루는 단단한 말

친절의 힘을 아는 사람은

다른 사람에게 친절을 베풀 수 있어.

나는 내가 가진 친절의 힘을

더 많은 사람과 나눌 거야.

친절 비눗방울 모으기

독후활동

활동 ① 누군가 나에게 친절하게 대해 준 적이 있나요? 그 기억을 떠올리며 친절함에 대해 생각해 봅시다.

1) 친절하게 대해 준 사람은 누구인가요?

2) 어떤 말 혹은 행동을 해 주었나요?

3) 상대방의 친절함을 느꼈을 때, 나는 어떤 기분이었나요?

활동 ② 누군가의 친절한 모습은 반짝반짝 빛나기도 하지만, 그 소중함이 금방 잊혀지기도 하죠. 친절한 모습들을 비눗방울 속에 쓰거나 그리며 떠올려 봅시다.

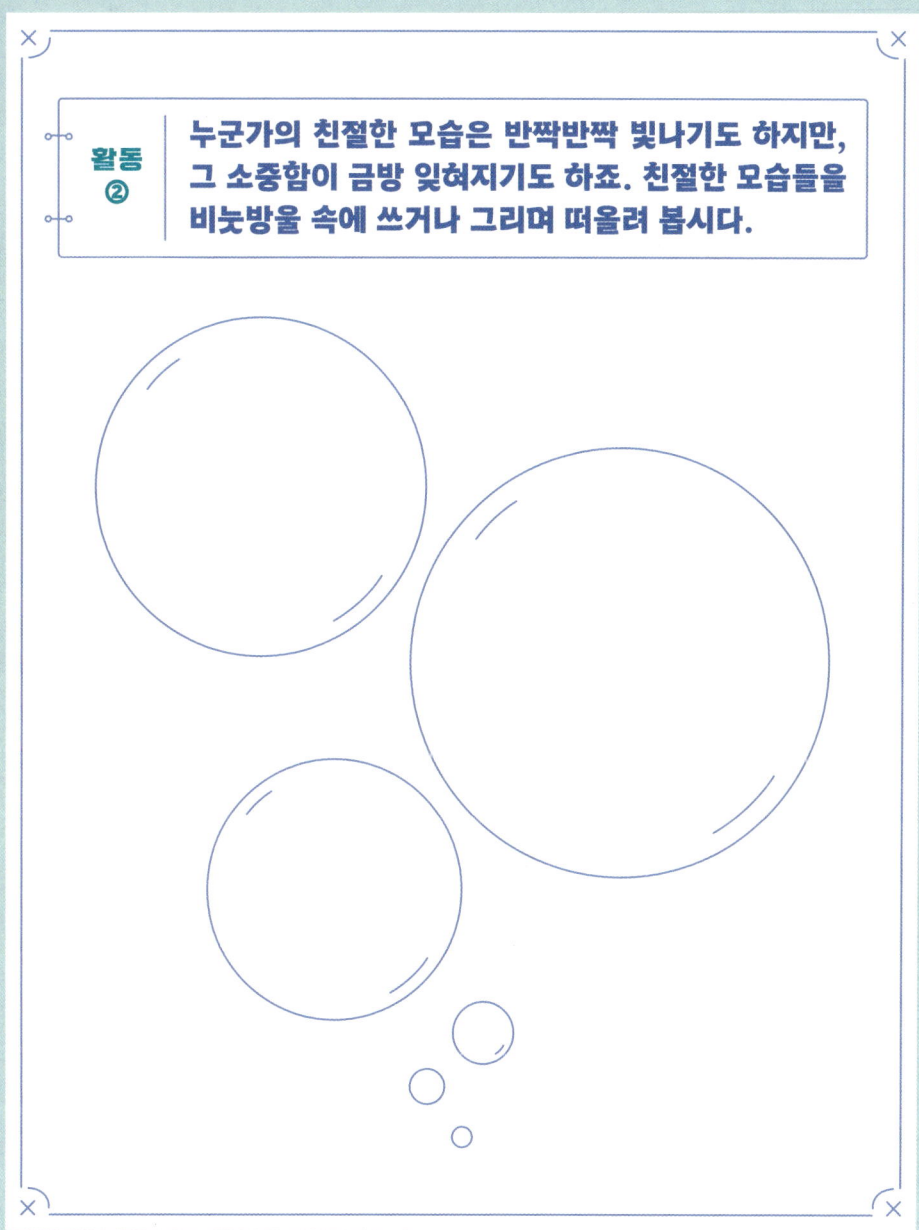

"몸이 아프니까 다 짜증 나!"
"너무 힘들어서 게임도 못 하겠네."

몸이 아프면 마음대로 놀 수도 없고
사랑하는 친구도 만나기 힘들어집니다.

몸이 건강하면
체육 시간에 배운 줄넘기도 할 수 있고,
친구들과 함께 뛰어 놀 수도 있습니다.

내가 보고 듣고 배운 것을 빛내고
내게 소중한 사람들과 함께하려면
꼭 몸이 건강해야 해요.

귀찮아도 매일 운동을 해야 하고
편식을 하지 않고 골고루 먹어야 하죠.

무엇보다 건강하지 않으면

내가 너무 불편해져요.

그래서 자신을 사랑하는 사람들은

건강할 때 건강을 지키려고 노력합니다.

하고 싶은 것을 마음껏 하기 위해

튼튼한 몸과 단단한 마음을 가꿔 봅시다.

나를 이루는 단단한 말

건강은 내가 사랑하는 사람들과

더 오래, 더 많이 함께하기 위해 필요해.

나는 튼튼한 몸과 단단한 마음으로

사랑하는 사람들과 오래 함께할 거야.

독후활동 — 튼튼한 습관 만들기

> **활동 ①** 건강한 몸과 마음을 간직하려면 꾸준히 노력하는 것이 중요해요. 나만의 습관을 만들어 봅시다.

1) 몸이 건강하려면 어떤 노력이 필요할까요?

---

2) 마음이 건강하려면 어떤 노력이 필요할까요?

---

3) 매일 해낼 수 있는 일을 적어 봅시다.

활동 ② | 일주일 동안 건강한 몸과 마음을 위한 목표를 세우고, 매일 목표 달성을 확인해 봅시다.

목표	월	화	수	목	금	토	일
밤 9시에 잠들기							
골고루 먹기							
하루 30분 산책하기							

"그렇게 두꺼운 책을 언제 다 읽어!"
"글자도 너무 많아서 나한테는 무리야."

글자가 많고 두꺼운 책을
한 번에 다 읽으려고 하면
결국 실패할 가능성이 높아요.

원하는 게 있다면
매일 조금씩 반복하며
성실하게 해내야 하죠.

200쪽이 넘는 책도
매일 10쪽씩 읽으면
한 달도 되지 않아서
멋지게 다 읽을 수 있어요.

작은 행동을 꾸준히 하며
성실한 하루를 보내다 보면,
아무리 어렵고 힘든 일도 해낼 수 있어요.

그래서 성실하게 사는 사람들은
살면서 감사할 일이 많아요.

매일 무언가를 해내며
성장하는 하루를 보내기 때문입니다.

따라쓰기 나를 이루는 단단한 말

아무리 어렵고 힘든 일도

매일 조금씩 하다 보면

언젠가 멋지게 이룰 수 있어.

매일 조금씩 해내기

활동 ① 내가 매일 하고 있는 일과 앞으로 해내고 싶은 일을 떠올려 봅시다.

1) 내가 매일 하는 일은 무엇인가요?

----

2) 내가 해내고 싶은 일은 무엇인가요?

----

3) 그 일을 해내기 위해 매일 할 수 있는 작은 실천을 떠올려 봅시다.

> **활동 ②** 큰 목표를 여러 개로 나누어서 조금씩 이루다 보면 언젠가 목표에 도달할 수 있어요.

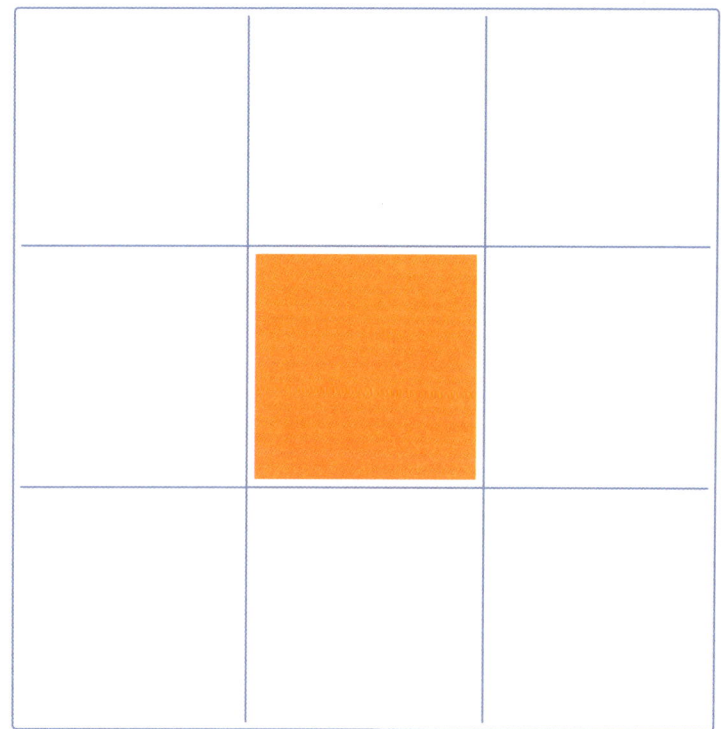

🟡 주황색 칸에 가장 큰 목표를 적고, 주황색 칸을 둘러싼 여덟 개의 칸에 목표를 이루기 위해 매일 할 수 있는 실천들을 적어 봅시다.

어린이가 반드시 배워야 할 반짝이는 삶의 가치들
아이에게 들려주는 태도의 말

초판 1쇄 발행 2025년 8월 30일

글쓴이 김종원
그린이 소소하이
펴낸이 민혜영
펴낸곳 데이스타
주소 서울특별시 마포구 월드컵로14길 56, 3~5층
전화 02-303-5580 | 팩스 02-2179-8768
홈페이지 www.cassiopeiabook.com | 전자우편 editor@cassiopeiabook.com
출판등록 2012년 12월 27일 제2014-000277호

ⓒ김종원, 2025
ISBN 979-11-6827-319-1 73700

이 책은 저작권법에 따라 보호받는 저작물이므로 무단 전재와 무단 복제를 금지하며, 이 책의 전부 또는 일부를 이용하려면 반드시 저작권자와 (주)카시오페아 출판사의 서면 동의를 받아야 합니다.

- 데이스타는 (주)카시오페아 출판사의 어린이·청소년 브랜드입니다.
- 잘못된 책은 구입하신 곳에서 바꿔 드립니다.
- 책값은 뒤표지에 있습니다.